Inhalt

Reverse Supply Chain Management - Neue Anforderung durch die ElektroG

Kernthesen

Beitrag

Fallbeispiele

Weiterführende Literatur

Impressum

GENIOS WirtschaftsWissen Nr. 06/2005 vom 06.06.2005

Reverse Supply Chain Management - Neue Anforderung durch die ElektroG

I.Zeilhofer-Ficker

Kernthesen

- Mit Stichtag zum 24. März 2005 sind alle Hersteller von Elektro- oder Elektronikgeräten sowohl finanziell als auch operational für die Sammlung und Verarbeitung von Elektroschrott verantwortlich.
- Durch die neue Gesetzgebung soll dem Verursacherprinzip Rechnung getragen werden, nachdem die Produzenten von Gütern auch für die Entsorgung von diesen

verantwortlich zeichnen.
- Ziel ist die Verringerung von Elektroabfall im Hausmüll mithilfe der fachgerechten Entsorgung durch Wiederverwendung, Recycling und Verwertung der verwendeten Einzelteile und Rohstoffe.

Beitrag

Von Altautos und Batterien kennen wir das Prinzip bereits - ebenfalls von Plastikverpackungen. Wir bringen die Altgeräte zu den kommunalen Sammelstellen oder packen die Plastikbecher in den gelben Sack und die Hersteller dieser Produkte sorgen für ihre Verwertung und Entsorgung. Nun ist eine ähnliche Verordnung für Elektro- und Elektronikgeräte in Kraft getreten. (1), (2)

Das ElektroG

Seit rund fünfzehn Jahren wird über Konzepte zur Verringerung von Abfällen diskutiert, unter anderem auch über die Entsorgung elektrischer und elektronischer Geräte. Diese Geräte landen heute zum Großteil in Haus- oder Sperrmüllsammlungen und belasten die kommunalen Entsorgungsbudgets sowie - über Müll- und Abfallgebühren - die Bürger. Schätzungen gehen davon aus, dass allein in der BRD zwischen ein und zwei Millionen Tonnen Elektroschrott jährlich anfallen, deren Entsorgung künftig von den Herstellern finanziert werden muss. (1), (2)

Die WEEE-Richtlinie der EU aus dem Jahr 2003, die für alle Mitgliedsstaaten verbindliche Sammel- und Recyclingvorgaben macht, ist im Frühjahr 2005 verspätet in nationales Recht umgesetzt worden. Das "Gesetz über das Inverkehrbringen, die Rücknahme und die umweltverträgliche Entsorgung von Elektro- und Elektronikgeräten" (kurz: ElektroG) wurde im Januar 2005 vom Bundestag und im Februar vom Bundesrat abgesegnet und konnte somit am 24. März 2005 in Kraft treten. (1), (2), (3)

Die Vorschriften des ElektroG

22 Paragraphen des ElektroG regeln die künftigen Pflichten von Produzenten und Importeuren von elektrischen und elektronischen Geräten. Grundsatz ist, dass jeder Privathaushalt seine alten Elektrogeräte künftig kostenfrei entsorgen kann. Ob das weiterhin über Sperrmüllsammlungen oder über

die Abgabe bei kommunalen Sammelstellen erfolgen wird, kann jede Gemeinde selbst entscheiden. Wichtig ist aber, dass die Kommunen weiterhin für die Sammlung dieser Abfälle verantwortlich zeichnen. Als Gegenleistung hat sich die Elektro- und Telekomindustrie bereit erklärt, auch Geräte anzunehmen und zu verwerten, die bereits vor dem Stichtag 13. August 2005 produziert wurden. Da diese Altgeräte aber in einigen Jahren verschwunden sein werden, ist eine gesetzliche Überprüfung dieses Paragraphen in fünf Jahren vorgesehen. (1), (4), (5)

Anders bei gewerblichen Nutzern von Elektrogeräten. Diese Unternehmen müssen sich direkt mit den Herstellern bzw. ihren Handelspartnern über die Logistik der Rücknahme von Altgeräten sowie die Aufteilung der Kosten einigen. Grundsätzlich sind aber auch hier die Hersteller in der Pflicht. (4)

Zwischen zehn- und zwanzigtausend Unternehmen gibt es in Deutschland, die Elektrogeräte selbst herstellen oder als Importeur oder Händler mit Eigenmarke auf den Markt bringen. All diese "Erst-Inverkehrbringer" müssen sich ab November 2005 bei einer zentralen Registrierungsstelle, der Stiftung Elektro-Altgeräte-Register (EAR), eintragen, dort Verkaufsmengen melden sowie den Nachweis über die finanzielle Absicherung der Entsorgung (auch für den Insolvenzfall) erbringen, sowie tatsächliche

Recycling- und Verwertungsquoten melden. (4), (5), (6)

Ebenso werden die Kommunen die zur Abholung bereiten Mengen an die EAR avisieren. Basierend auf diesen Daten administriert die EAR die Rücknahme durch die Hersteller. Im Einzelnen heißt das, die EAR berechnet pro Hersteller die Menge der abzuholenden Altgeräte und veranlasst die Abholung bei den Sammelstellen. Damit die absolute Neutralität der EAR gewährleistet ist, darf sie keinesfalls selbst Verträge mit Entsorgungsfirmen abschließen. Diese Vertragsgestaltung ist ausschließlich den Produzenten und Importeuren überlassen. (4)

Zehn Gerätetypen, die wiederum in insgesamt 140 Gerätearten untergliedert wurden, sind von der Elektro-G betroffen. Dies sind:

-Haushaltsgroßgeräte (Waschmaschinen, Kühlschränke usw.)
-Haushaltskleingeräte (Bügeleisen, Toaster usw.)
-IT- und Telekommunikationsgeräte (Computer, Drucker, Handys usw.)
-Geräte der Unterhaltungselektronik (Fernseher, Radios usw.)
-Beleuchtungskörper (Lampen)
-Werkzeuge (Bohrmaschinen, Rasenmäher usw.)
-Spielzeug, Sport- und Freizeitgeräte (Videospiele,

elektrische Eisenbahnen)
-medizinische Geräte
-Überwachungs- und Kontrollinstrumente (z. B. Rauchmelder)
-automatische Ausgabegeräte (Getränkeautomaten usw.) (3)

Ausgenommen ist einzig die Militärelektronik. Für alle anderen Geräte müssen die Produzenten sicher stellen, dass ab November die vorgesehenen fünf Sammelbehälter bei den kommunalen Sammelstellen bereit stehen. (2), (4)

Ab März 2006 müssen alle Elektrogeräte mit dem Recycling-Symbol (durchgestrichene Mülltonne) sowie der Herstellerkennzeichnung versehen werden. Dann soll auch die Abholung und Verwertung anlaufen. (1), (7)

Das primäre Ziel der ElektroG ist die Vermeidung von Müll. Deshalb sollen mindestens vier Kilogramm Elektroschrott pro Einwohner über das neue System in 2006 verwertet werden. Das Prinzip der Wiederverwendung hat dabei höchste Priorität. Es sind deshalb - abhängig vom Gerätetyp - Wiederverwertungsmengen (zwischen 70 und 80 Prozent des Gerätegewichts) sowie Wiederverwendungsanteile (zwischen 50 und 80 Prozent) vorgeschrieben. Die tatsächlichen

Wiederverwertungs- und -verwendungsmengen müssen zu Kontrollzwecken regelmäßig an die EAR gemeldet werden. Um eine fachgerechte Verwertung sicherzustellen, dürfen nur Unternehmen mit dieser Aufgabe betraut werden, die als Entsorgungsfachbetrieb zertifiziert sind. (2), (5), (BMU.de/files/elektrog.pdf)

Reverse Supply Chain Management - Zukunftsaufgabe der Unternehmen

Die neuen Entsorgungsvorschriften verlangen von den Unternehmen einen konsequenten Umdenkprozess. Schon bei der Produktentwicklung muss künftig auf leichte Demontage geachtet und hauptsächlich recyclingfähige Materialien eingesetzt werden. Denn die Altgeräte-Entsorgung ist keine billige Angelegenheit. Kostenschätzungen gehen von 350 bis 500 Millionen Euro Recyclingkosten für Elektrogeräte pro Jahr aus. (8), (9), (10)

Es liegt also im Interesse der Industrie, diese Kosten möglichst schon durch entsprechende Produktentwicklung aber auch durch den offenen Wettbewerb zwischen den Entsorgungsunternehmen niedrig zu halten. Durch konsequentes Reverse Supply Chain Management kann diese gesetzlich vorgeschriebene Aufgabe aber auch zum Vorteil des Unternehmens genutzt werden. Mithilfe von Angeboten zur Inzahlungnahme eines Altgerätes kann der Absatz von Neugeräten angeregt und die Kundenbindung verstärkt werden. (11)

In der Automobilindustrie, die ja schon längere Erfahrung mit der Rücknahme und Verwertung von Altautos sammeln konnte, sind neue Geschäftsmodelle, die dem Reverse Supply Chain Management Rechnung tragen, bereits in der Entwicklung. (12)

Fallbeispiele

Bisher haben viele Behindertenwerkstätten das manuelle Zerlegen und sortieren von Elektroschrott im Auftrag der Kommunen durchgeführt. Nun fürchten sie die Konkurrenz der großen Recyclingunternehmen, die diese Aufgabe maschinell und damit kostengünstiger erledigen können. Um trotzdem bundesweit Aufträge annehmen zu können, haben sich 82 gemeinnützig arbeitende Werkstätten zu einer Genossenschaft (GDW) zusammengeschlossen. (1)

Die japanische Panasonic-Tochterfirma EcologyNet Europe will die Rücknahmepflichten von Panasonic und anderen Produzenten in Europa wahrnehmen. Erfahrungen hat das Unternehmen bereits in Japan gesammelt, wo ähnliche Vorschriften seit einiger Zeit einzuhalten sind. (1)

Das Joint Venture Fiege Cleanaway bietet als europaweiter Systembetreiber ein umfangreiches Spektrum an Logistik- und Recyclingdienstleistungen. Selbstverständlich gehört dazu auch das gesamte Reporting. (4)

Fujitsu Siemens kann für Entsorgungsaufgaben auf das eigene Recycling-Zentrum in Paderborn zurück greifen, das bereits seit 1988 Elektrogeräte umweltgerecht verwertet. Die Firma Electrocycling Goslar recycelt seit 1994 und hat in der Zeit rund 200 000 Tonnen Elektroschrott verarbeitet. (8), (9), (13)

Das komplette Reverse Supply Chain Management kann man an die Firma Techprotect, Böblingen übertragen. Neben Logistik- und Entsorgungsaufgaben übernimmt Techprotect auch die Durchführung von Rabatt- und Trade-In-Aktionen. (11)

Weitere Entsorgungsanbieter: Landbell AG, Mainz, Interseroh, Köln, ProReturn GbR (über: www.philips.de), CCR Logistics System AG, München. (14), (15), (16), (17)

Mitglieder des Bundesverbandes Büro- und Informationstechnik e. V. (BBT) können die Mengenstromnachweise über eine Internet-Portal der Pape-Entsorgung erledigen. (18)

Zur Vermeidung von Rückstellungen und Liquiditätsschwierigkeiten durch die Verpflichtung zur finanziellen Absicherung der Entsorgung bietet sich vor allem für kleine und mittelgroße Unternehmen der Abschluss einer Recyclingversicherung an. Beim Unternehmensverband Take-e-way, Wentdorf kann man diese Versicherung abschließen. (19)

Weiterführende Literatur

(1) Meyer, Angela, Bewegliches Ziel - Elektronikschrottrecycling wird Herstellerpflicht, c't - Magazin für Computertechnik, 04/2005, S. 84
aus Lebensmittel Zeitung Nr. 06 vom 11.02.2005 Seite 026

(2) Schickore, Markus, Entrümpelt - Europäischer

Rechtsrahmen für Elektro- und Elektronikgeräteentsorgung, iX - Magazin für Informationstechnik, 05/2005, S. 112
aus Lebensmittel Zeitung Nr. 06 vom 11.02.2005 Seite 026

(3) Reduce, Recycling, Reuse - Wiederverwertung und Abfallvermeidung von Elektro- und Elektronikgeräten aus Elektronik Praxis Sonderheft Marktreport Bleifrei vom 12.04.2005 Seite 032

(4) Chaos oder Chance?
aus CityPartner Nr. 01 vom 29.03.2005 Seite 016

(5) Die letzte Hürde ist genommen
aus Entsorga Magazin 11-12 vom 29.11.2004 Seite 018

(6) Der Countdown läuft
aus Lebensmittel Zeitung 04 vom 28.01.2005 Seite 003

(7) Countdown für Elektroschrott-Rücknahme läuft
aus Lebensmittel Zeitung 04 vom 28.01.2005 Seite 062

(8) ELEKTROSCHROTTGESETZ IST BESCHLOSSENE SACHE Umweltengel kreisen über Elektrobranche
aus IT Business, Heft 05/2005, S. 1

(9) MILLIONEN TONNEN gebrauchter Elektrogeräte sollen 2005 ökologisch entsorgt werden. Die Hersteller wollen Kosten auf Kunden abwälzen. Recycling-Gesetz verteuert Computer
aus Hamburger Abendblatt, Jg. 57, 19.11.2004, Nr. 272, S. 27

(10) VIP-FORUM Hersteller DAS ELEKTROSCHROTTGESETZ UND SEINE FOLGEN Umweltengel voller Vorfreude
aus IT Business, Heft 07/2005, S. 8

(11) Der Einkäufer und das neue Elektro- und Elektronikgerätegesetz (ElektroG) Wie zurück zu vorwärts wird
aus BA Beschaffung aktuell, Heft 5, 2005, S. 38

(12) Zulieferer werten ihr Angebot mit Dienstleistungen auf Der Phantasie sind kaum Grenzen gesetzt
aus Industrieanzeiger, Heft 16, 2004, S. 76

(13) Informationen zum neuen Gesetz
aus Entsorga Magazin 04 vom 22.04.2005 Seite 014

(14) Positives Resümee
aus Entsorga Magazin 03 vom 29.03.2005 Seite 044

(15) KURZ NOTIERT
aus Lebensmittel Zeitung 17 vom 29.04.2005 Seite 043

(16) Anbieter zur E-Schrott-Rücknahme formieren sich
aus Lebensmittel Zeitung 50 vom 10.12.2004 Seite 052

(17) Wohin mit dem Elektronikschrott? Entsorgungsrichtlinien gelten ab 13. 8. 2005
aus elektrotechnik Nr. 03 vom 01.03.2005 Seite 059

(18) Stoffstrom per Internetportal

aus Entsorga Magazin 03 vom 29.03.2005 Seite 007

(19) Unternehmensverband hilft kleinen Firmen - Millionenumsätze erwartet Geschäft mit Schrott-Recycling

aus Die Welt, Jg. 59, 02.11.2004, Nr. 257, S. 37

Impressum

Reverse Supply Chain Management - Neue Anforderung durch die ElektroG

Bibliografische Information der deutschen Nationalbibliothek

Die Deutsche Nationalbibliothek verzeichnet diese Publikation in der deutschen Nationalbibliografie; detaillierte bibliografische Daten sind im Internet über http://dnb.d-nb.de abrufbar.

ISBN: 978-3-7379-1047-7

© 2015 GBI-Genios Deutsche Wirtschaftsdatenbank GmbH, Freischützstraße 96, 81927 München, www.genios.de

Alle Rechte vorbehalten. Dieses Werk ist einschließlich aller seiner Teile – z.B. Texte, Tabellen und Grafiken - urheberrechtlich geschützt. Jede Verwertung außerhalb der Grenzen des Urheberrechtsgesetzes bedarf der vorherigen Zustimmung des Verlags. Dies gilt insbesondere auch für auszugsweise Nachdrucke, fotomechanische

Vervielfältigungen (Fotokopie/Mikroskopie), Übersetzungen, Auswertungen durch Datenbanken oder ähnliche Einrichtungen und die Einspeicherung und Verarbeitung in elektronischen Systemen.